ceau royal, à voir flamboyer une magnifique épée de Franc ; — mais nous n'avons rencontré qu'un stylet froidement empoisonné, qu'une misérable compilation d'insinuations puisées dans les bas-fonds du journalisme français et étranger. Nous avons trouvé le même sourire, qui n'est plus, à force d'être ironique, qu'une horrible grimace ; le même esprit trop cherché, les mêmes finasseries équivoques. En un mot, nous avons trouvé le style d'un aigrefin de lettres sous le nom d'un prince français.

II

Le sentiment qu'on éprouve en parcourant ce libelle, c'est une tristesse profonde.

Si les grands ne respectent plus rien, que sera-t-il des petits, aujourd'hui qu'ils peuvent s'initier à tout?

De la part d'un écrivain vulgaire, la brochure du duc d'Aumale n'eût été, peut-être, qu'une triste aberration d'esprit ; — de la sienne, nous n'affirmerons pas que ce soit une faute politique; mais, à coup sûr, c'est une mauvaise action. — Aussi ne faisons-nous aucun doute que sa signature ait été surprise, et, ce qui le prouve surabondamment, ce sont les nombreuses maladresses qui permettent de retourner presque tout cet écrit, soit contre son auteur prétendu, soit contre les siens.

Du reste, le duc d'Aumale n'en n'est pas à son coup d'essai en fait de signature follement aventurée. — Il est vrai qu'alors il était bien jeune et qu'il ne jouit plus aujourd'hui, au moins en apparence, du bénéfice de cette circonstance atténuante.

III

Il n'entrait pas dans nos goûts de nous immiscer dans ce débat, et si nous nous le permettons, c'est qu'il importe que dans l'armée quelqu'un relève une indiscrétion récemment commise à son endroit.

Dans une des dernières séances du Corps législatif, un général a saisi l'occasion, s'il ne l'a fait naître, de mêler à la discussion de l'adresse un éloge pompeux du duc d'Aumale.

Jusque-là, rien d'extraordinaire, si ce n'est un incident intempestif, rien même que de très-louable; — mais aujourd'hui que le duc d'Aumale lui-même vient appuyer sa propre apologie d'un manifeste, la question prend à nos yeux une face nouvelle.

De deux choses l'une, en effet, ou le Prince, alléché par le discours du député, s'est laissé aller à de folles illusions, et nous ne lui ferons pas l'injure de le supposer, ou bien le député s'est fait le bouc émissaire du Prince, et, dans ce cas, le seul qu'il soit permis d'admettre raisonnablement, il ne s'agit plus d'une expression de gratitude du général envers son ancien chef, mais bien de regrets politiques exprimés au nom de l'armée.

Or, nous avons l'honneur d'être soldat, et, comme tel, nous venons décliner toute solidarité avec les paroles prononcées dans cette circonstance au nom de l'armée, et protester contre elles avec toute l'énergie d'un juste orgueil froissé.

Que S. A. R. Mgr le duc d'Aumale ait été respecté par l'armée comme prince, nous ne le contestons pas;

Que le général duc d'Aumale se soit attiré de l'estime comme soldat, c'est possible; que le duc d'Aumale ait excité, comme homme, les sympathies personnelles de son apologiste, rien de mieux. Mais qu'il ait eu jamais celles du soldat, nous le nions formellement. — Il est juste que chacun porte la responsabilité de sa morgue et de sa parcimonie, même constitutionnelles.

Le prince de Joinville était aimé du marin et du soldat; mais il l'était précisément à cause du mépris qu'il affichait pour la politique paternelle, et il ne paraît pas que ce soit là le cas du duc d'Aumale.

Eh bien! nous sommes encore aujourd'hui ce que nous étions alors, et nous ne comprenons pas qu'on en ait pu douter un seul instant.

S'imagine-t-on, en effet, les vainqueurs de Crimée et d'Italie reniant leur victoire; foulant aux pieds leurs lauriers conquis au prix de tant de sacrifices; crachant avec dédain sur la tombe à peine recouverte de leurs frères d'armes, tués à leurs côtés; et, pour en finir, rejetant eux-mêmes leur croix, leurs médailles, tout ce qu'ils possèdent et l'honneur de la France sous le pilon de Pritchard!

En vérité ce serait là un étrange aveu!

Aveu de défaillance s'il en fut, aveu d'insigne lâcheté qu'il n'appartient à personne de faire en leur nom, et moins qu'à tout autre à un général français.

IV

Revenons à la brochure, quoiqu'il nous en coûte : nous avons exprimé notre sentiment sur la question des personnalités. La politique n'est pas de notre compétence, et, du reste, celle de *la lettre sur l'histoire de France* est si pauvre et si contraire à l'honneur et aux intérêts de ce pays, que c'est rendre un véritable service à son auteur que de n'y pas revenir.

Quant à la question militaire, nous sommes encore tout ébahi devant cette question qui termine l'opuscule. « Qu'avez-vous fait de la France? » — Si sous cette phrase nous avions vu quelqu'une de ces signatures grotesques familières au *Charivari*, nous nous fussions probablement contenté d'en sourire ; mais après avoir lu celle de Henri d'Orléans, nous en rirons longtemps.

Nous eussions voulu passer sous silence certaine comparaison antérieure, parce qu'il est probable que l'auteur s'en est déjà repenti.

Qu'il nous soit permis cependant de lui dire à ce propos :

« Monsieur le duc, vous avez toujours été brutal envers le soldat, parce que vous ne l'avez jamais compris, et, sans doute, en écrivant, vous êtes-vous figuré tenir encore sa gorge sous votre talon constitutionnel. — Vous vous êtes trompé, — on ne salit plus impunément aujourd'hui l'uniforme français. Prenez garde ! il y a telles insultes que le soldat n'a pas le droit de pardonner, et si tous ses respects sont acquis à des princes malheureux, lors même qu'ils sont tout autre chose que des vaincus, n'oubliez pas que vous lui enseignez vous-même à mépriser ceux qui se vautrent dans la boue pour se donner le malin plaisir d'éclabousser les voisins.

« Prenez garde ! et si jamais vos rêves, à peine déguisés, de coalition, venaient à se réaliser ; si vos menaces prenaient un corps ; si vous veniez à tenter de renouveler les *brigands de la Loire*, afin de pouvoir rejeter ensuite sur eux l'ignominie de votre invasion ; en un mot, si vous décidiez l'étranger à marcher avec vous ; — croyez-nous, Monseigneur, oubliez, dans ce moment-là, que vous fûtes assez grand capitaine pour vous permettre de donner des leçons de stratégie au premier des Napoléons, et, pour ne pas faillir à la tradition, retenez votre place dans l'un des derniers fourgons. »

FIN.

www.ingramcontent.com/pod-product-compliance
Ingram Content Group UK Ltd.
Pitfield, Milton Keynes, MK11 3LW, UK
UKHW032040260826
14628UKWH00007B/3085

9 782016 123591